Gustave MERCIER

AVOCAT AU BARREAU DE CONSTANTINE

LA
Question Indigène

Une mise au point
des Réformes à accomplir

Extrait des ANNALES UNIVERSITAIRES DE L'ALGÉRIE

(NUMÉRO DE JUIN 1913)

ALGER

TYPOGRAPHIE ADOLPHE JOURDAN

IMPRIMEUR-LIBRAIRE DE L'UNIVERSITÉ

Place du Gouvernement

1913

Extrait des ANNALES UNIVERSITAIRES DE L'ALGÉRIE

(Numéro de Juin 1913)

La Question Indigène

Une mise au point
des Réformes à accomplir

I

Il n'est pas de problème qui soulève plus que celui de la conquête et de l'organisation d'une colonie déjà peuplée d'indigènes, possédant une civilisation propre, des questions d'ordre moral, philosophique, et des difficultés d'ordre pratique.

Sommes-nous, Français de la Métropole ou Français d'Afrique, familiarisés avec les unes et les autres? On pourrait le croire à entendre le nombre des dissertations, des théories ou des plaidoyers dont chaque jour nous apporte une abondante moisson; on en doute, à voir combien chacun, raisonnant de son point de vue particulier, reste éloigné de son voisin, faute d'envisager la question d'ensemble.

D'un côté, on représente l'indigène comme indignement exploité au profit de l'élément conquérant qui bénéficie seul de ses efforts, du produit des impôts qu'il paye. Pressurés, les indigènes sont systématiquement maintenus dans une ignorance telle qu'à part quelques rares privilégiés, ils ne peuvent se rendre un compte exact de leur état; tribunaux d'exception, lois d'exception, indigénat, font d'ailleurs peser sur eux une contrainte indispensable au maintien du système, qui jure avec les traditions de la France et sa mission civilisatrice.

Une autre opinion prévoit au contraire la faillite de la colonisation, succombant sous les coups que lui portent les indigènes. Elevés, éduqués, instruits par nous, ceux-ci n'hésiteront pas à mordre la main qui les a nourris. Notre bonté n'est considérée par eux que comme de la faiblesse; elle réveille les idées de domination islamique qui ne sont qu'assoupies. Jeunes turcs et vieux turbans s'entendront pour nous mettre dehors au premier jour. La conscription que nous avons eu l'imprudence d'instituer leur fournira des troupes; la France, en leur confiant le bulletin de vote que les plus avancés d'entre eux revendiquent déjà, se suicidera elle-même. Nos sujets n'ont au cœur que la haine du Roumi, et mettront tout en œuvre pour la satisfaire.

Voilà bien les deux thèses, les deux doctrines en présence, et les faits de chaque jour ne manquent pas d'apporter, tant à l'une qu'à l'autre, d'éclatantes confirmations. Mais comment les départager? et si chacune d'elles choque par son outrance même, suffira-t-il de dire, comme certain parlementaire qui était venu faire dans ce pays une « enquête sur place », en quarante-huit heures, que la vérité est entre les deux?

Mais ce n'est point concilier deux théories contraires que les juxtaposer, s'il n'y a rien entre elles. Quand deux chemins se croisent, si aucun d'eux ne mène au but, il faut bien en tracer un troisième.

Tranchons d'abord la question de principe, et tâchons du même coup de découvrir un fil directeur. L'entreprise coloniale de la France en Afrique se justifie-t-elle?

Nous n'hésitons pas à dire : Oui, même si, négligeant tous les avantages qui en découlent à notre point de vue national, qui est bien le premier à considérer, nous nous cantonnons dans l'examen du point de vue strictement indigène, et la preuve en est aisée;

Qu'était l'Algérie lors de la conquête?

Une contrée tombée du rang splendide qu'elle occupait dans l'antiquité, par une série de déchéances successives, au rang misérable où nous l'avons trouvée. Onze siècles de domination musulmane avaient fait de cette nouvelle Phénicie, et cette seconde Italie, une terre ruinée, dévastée, presque sans villes, sans routes et sans ports, livrée à tous les hasards, à toutes les exactions, à tous les brigandages, et où quinze à dix-huit cent mille habitants disputaient une vie misérable à la famine, aux abus du régime turc, au banditisme.

Qu'est-elle devenue après trois quarts de siècle de domination française? Une terre florissante, plus pleine de promesses encore que de richesses, et capable de nourrir, outre huit cent mille européens, plus de cinq millions d'indigènes musulmans. Donc, pour cette population indigène considérée à part, la conquête fut un bien immense, et l'on ne conçoit pas qu'une vérité aussi évidente puisse encore être contestée. Dira-t-on que cette population aurait évolué sans cela; qu'elle aurait été gagnée peu à peu par le grand courant des idées modernes, du progrès, et que la seule facilité croissante des transports aurait, en préparant ses voies, ouvert la porte à la civilisation? Ce serait mal connaître, je ne dirai pas l'indigène qui est capable de progrès, mais l'Islam dont l'essence même est faite d'immobilité. Au reste, toute discussion sur ce point est oiseuse. Nous avons en effet un témoin irrécusable, qui nous renseigne complètement sur ce que serait l'Algérie à l'heure actuelle, sans la conquête française. Ce témoin, c'est le Maroc. Le Maroc de l'aurore du vingtième siècle ne valait pas mieux que le Maroc du seizième; peut-être valait-il moins. Peut-être offrait-il encore moins de sécurité pour les personnes et pour les biens; peut-être les trahisons, les rapines, les exactions, la misère sordide et les maladies repoussantes du moyen-âge y régnaient-elles, plus souveraine maîtresse.

Nous avons un second témoin, à l'autre extrémité de l'Afrique Française : La Tripolitaine.

Ecoutons un des derniers voyageurs qui l'aient parcourue; M. de Vandelbourg la visitait dans les premiers mois de 1912. « Partout, dans les moindres agglomérations,
« dit-il, on est harcelé par une troupe affreuse d'aveugles,
« d'êtres sordides, couverts d'ulcères. Les vieilles fem-
« mes, réduites à l'état de squelettes, sont les plus im-
« pressionnantes. Il en est qui peuvent à peine se mou-
« voir et qui viennent trier l'orge dans le sable à l'en-
« droit où les chevaux ont mangé. Un jour, un négrillon
« m'arracha des mains une boîte de biscuits et les dévora
« sauvagement. La veille, je m'étais arrêté au bord d'un
« puits, sous un auvent où l'on sert le thé. Quelques
« vieillards, deux enfants s'y trouvaient accroupis. Ils
« sont maigres, sans couleurs, des mouches se crampon-
« nent sur le bord de leurs paupières sans qu'ils songent
« à les chasser. S'il tombe une miette du pain que je
« mange, ils avancent la main pour s'en emparer. J'a-
« bandonne dans le sable une cigarette à demi consumée
« et la repousse du pied. Le cafetier croit qu'elle lui re-
« vient, veut s'en emparer, les autres lui disent : veux-tu
« bien la laisser à ce voyageur! »

A ce tableau, qui ne reconnaîtrait l'Islam du Maroc, l'Islam de l'extrême sud, l'Islam de la Tunisie avant la conquête, l'Islam de tous les pays africains, engourdi dans son inaction et sa paresse, avec ce triste cortège de maladies, d'épidémies, de misère sordide qu'il traîne après lui ?

Mais qui oserait dire aujourd'hui qu'un seul trait de cette esquisse, à jamais effacée chez nous, soit encore applicable à l'Algérie?

Nous pouvons donc, sans arrière-pensée, être fiers de l'œuvre accomplie, qui porte en elle-même sa justification; nous pouvons même dire que cette œuvre vraiment nationale, aucun peuple du monde ne l'eût peut-être exécutée d'une façon aussi heureuse, « avec si peu de casse », comme disent les militaires, pour les résultats obtenus.

Mais cette constatation réconfortante ne doit point nous endormir dans une trompeuse sécurité, nous confiner dans une abstention, un far niente qui seraient plus décevants encore, et plus funestes. L'œuvre accomplie est un point de départ, elle n'est pas un but. La complexité de la vie, celle de l'évolution des Sociétés est telle, que tout progrès réalisé, tout problème résolu cède aussitôt la place à d'autres problèmes plus compliqués, à d'autres situations plus délicates; le monde change sans cesse, et toujours dans le sens d'une complexité croissante. Cette évolution rend plus difficile la recherche de la vérité, ce seul but vraiment digne de l'intelligence humaine, disait Henri Poincaré; et, en matière de colonisation, il ne suffit pas de rechercher la vérité, il faut la trouver, ou en trouver une approximation provisoire, mais suffisante, sous peine de voir s'anéantir l'œuvre accomplie, et de perdre le résultat jamais entièrement acquis.

Cette situation nouvelle, et dans une certaine mesure inquiétante, on peut la caractériser en quelques traits.

L'accroissement rapide et continu de la population indigène dont nous nous félicitons pour le passé, devient, pour l'avenir, un danger. La terre algérienne nourrit encore tous ses enfants, mais on peut prévoir le jour où elle sera trop petite pour les contenir tous. Que deviendront alors ces prolétaires sans moyens d'existence, et verrons-nous ici les famines atroces qui désolent périodiquement l'Inde et la Chine, se produire après les mauvaises années?

L'extension de la colonisation européenne ne réduira-t-elle pas outre mesure la part de l'indigène et n'y a-t-il pas lieu de craindre la disparition de la classe du fellah petit propriétaire, qui est la plus intéressante de toutes, et qui, jusqu'ici, a constitué la base de la société indigène?

D'autre part, si cette population devient extrêmement nombreuse, et si nous sommes décidés, comme l'humanité nous le commande, à lui donner le plus d'instruction et de lumières possibles, ne créerons-nous pas un prolétariat intellectuel, celui-là, plus dangereux que l'autre?

Si, enfin, nous conférons à ces gens des droits politiques en rapport avec leur nombre et leur importance, ainsi que le réclament déjà leurs défenseurs, n'y a-t-il pas à craindre qu'ils en abusent ou simplement qu'ils en usent contre nous, pour nous évincer; et si nous leur refusons ces droits politiques, n'est-il pas à prévoir qu'ils les revendiqueront, ayant l'instruction, et les obtiendront au besoin par la violence ou l'insurrection?

Que deviendra, dans cette tourmente, la domination française? Et que faut-il penser, pour l'avenir, du loyalisme de nos sujets?

Voilà les grands problèmes que comporte à l'heure actuelle la question indigène. Pour mettre un peu d'ordre et de hiérarchie dans la discussion qu'ils appellent, je vous demanderai de les classer en: problème économique; problème moral; problème politique.

II

Ce qui rend particulièrement ardue l'étude des questions algériennes, c'est que toute généralisation y est impossible. De là l'erreur dans laquelle tombent si fréquemment les publicistes de la métropole, qui, connaissant un coin du pays, un côté ou un fragment de la vérité, ayant découvert une solution applicable à une situation donnée, en font une panacée qu'ils veulent imposer au pays tout entier.

L'Algérie est la terre des contrastes. Entre la Kabylie du Djurdjura et les steppes des Hauts-Plateaux, peu ou point de besoins communs; entre les riches plaines du Tell et les oasis Sahariennes, aucune assimilation possible. Le problème économique n'est donc pas un, il est multiple; son étude est celle de chaque parcelle du sol Algérien; c'est une œuvre de longue haleine et de patience, une œuvre tellement complexe qu'elle ne pourra être accomplie par toute une génération. Mais si son exécution doit être l'affaire des individus, son étude revêt trop manifestement un caractère d'utilité générale, pour pouvoir être entreprise par d'autres que par l'Etat. Pourquoi donc l'Etat Algérien ne ferait-il pas ce qu'a fait l'Etat Egyptien, sous la direction des Anglais; pourquoi ne suivrait-il pas l'exemple donné par la grande Colonie de l'Inde, et que nous narrait en termes éloquents, il y a quelques années, M. Barbedette.

L'Etat Algérien devrait instituer une Commission d'Etudes, dite de mise en valeur du sol, composée d'ingénieurs et surtout d'agronomes, de propriétaires, de praticiens. Cette Commission établirait si l'on peut dire, le « plan parcellaire de l'Algérie » et, pour chaque région, étudierait les ressources à développer, les travaux de détail à réaliser, les aménagements à pratiquer, surtout au point de vue de l'hydraulique agricole, et de *la mise au jour des eaux souterraines*.

C'est dans cette mise au jour qu'est l'avenir des Hauts-Plateaux, et d'une grande partie du Tell. Sait-on que presque partout existe une nappe sous-jacente, quelquefois à la profondeur de deux ou trois mètres, et que la venue au jour de cette nappe souterraine est susceptible de décupler la production des terres? Cette œuvre, les Romains l'avaient réalisée partout, avec quels moyens primitifs! Et que ne devons-nous pas faire, à l'aide de nos machines, de nos moteurs économiques, de tous les moyens que la science et le progrès ont mis à notre disposition. Le fellah des bords du Nil se sert couramment, pour ses irrigations, de moteurs à gaz pauvre et à pétrole. L'indigène algérien, guidé par le colon qui doit demeurer son modèle, est-il incapable de tirer parti de ce Nil Algérien qu'est la nappe souterraine, et qui peut lui permettre d'irriguer des milliers de kilomètres carrés?

C'est cette œuvre que les ateliers de sondage de l'autorité militaire ont entreprise avec tant de succès dans les contrées sahariennes, sous la direction éclairée de M. le Professeur Flamand, chargé des services de l'hydrologie des territoires du Sud. N'est-il pas étonnant que jusqu'à ce jour aucun service de ce genre n'existe pour l'Algérie du Nord, dont le territoire, si varié et si peuplé, constitue un incomparable champ d'études, d'expériences, et de mise en valeur?

Et quel accroissement dans la production, partant dans la population, ne doit-il pas en résulter!

Dans la concurrence qui se produit déjà entre les deux
éléments français et indigène, et qui s'accentuera fatale-
ment, la palme reviendra au plus laborieux, au plus pré-
voyant, au mieux adapté. Le colon est protégé par ses
ressources supérieures, ses capitaux, ses bonnes méthodes,
son esprit de suite, sa prévoyance. Il est et doit rester le
modèle de l'indigène, en agriculture surtout.

L'indigène a pour lui son endurance, son peu de besoin, son adaptation merveilleuse aux conditions du cli-
mat et du milieu. Il tire parti de tout et vit à dix fois meilleur compte que l'européen. Il lui manque en général
trois choses : le goût du travail régulier, constant, opiniâ-
tre, qui seul, peut assurer le succès; les ressources qui lui
permettent de réaliser les améliorations indispensables,
d'attendre l'ère des résultats, et un guide pour diriger ses
efforts.

La première de ces trois choses, il ne peut appartenir à
personne de la lui donner, qu'à lui-même. Mais déjà, le
cultivateur indigène l'a compris. De notables améliorations ont été, partout, réalisées. Les gourbis sordides, na-
guère couverts en diss, prennent de plus en plus l'aspect
de maisons rustiques, avec leurs toitures rouges, faites de
tuiles françaises. Sous ce rapport, le Berbère a montré de
tout temps des capacités supérieures à celles de l'Arabe,
paresseux et indolent. Mais dans mainte région, ce dernier
lui-même a secoué son engourdissement séculaire. De
toute part, il acquiert des charrues françaises. La statisti-
que générale de l'Algérie pour 1910, enseigne que sur
cent mille charrues françaises, trente-quatre mille sont
possédées par les indigènes, alors que le nombre en était
infime, il y a seulement dix ans. Cet accroissement continu n'est pas près de s'arrêter; c'est bien la meilleure
garantie de vitalité et d'avenir de la race indigène. Nous

voudrions seulement voir cette transformation plus encouragée par l'administration. Elle ne l'est guère jusqu'ici, et pour une raison fiscale; c'est qu'elle se traduit par une diminution d'impôts, au moins dans le département de Constantine où l'unité imposable n'est pas la terre, mais la *charrue*, et que la charrue française faisant deux fois plus de besogne que l'indigène, diminue d'autant la base de l'impôt.

Nous ne pouvons évidemment traiter en passant la grosse question des impôts indigènes. Disons seulement qu'il paraît de plus en plus nécessaire de réviser, en partant de la base, tout le système des impositions arabes; la seule solution logique et équitable est, à notre sens, d'imposer non pas l'homme, mais la terre, et quelque soit celui qui la possède, israélite, européen ou indigène — sauf à exempter pendant un nombre d'années limité, les terres de nouvelle colonisation.

La seconde chose dont le fellah ait besoin, c'est un crédit assuré, proportionné à ses moyens, à sa moralité et à la tâche qu'il veut entreprendre : il peut trouver l'un et l'autre dans des mutuelles spéciales aux indigènes, que l'on pourrait multiplier sur tous les points du territoire. La Tunisie est déjà entrée dans cette voie par la création d'un crédit agricole mutuel franco-indigène, dont certaines associations fonctionnent, notamment à Béjà, à la satisfaction des colons et des arabes. En Algérie, bien des caisses locales admettent des indigènes au rang de participants, mais n'en admettent qu'un très petit nombre, et cela se conçoit : les colons, les propriétaires qui assument la charge de ces sociétés, ne peuvent se solidariser avec des indigènes qu'ils ne connaissent pas, ou qui n'offrent pas une surface et des garanties au-dessus de tout aléa. Nous voudrions que ce merveilleux instrument de pro-

grès ne demeurât pas d'apanage de quelques privilégiés,
— de ceux précisément qui en ont le moins besoin. Nous
voudrions en voir généraliser l'emploi ou profit de *tous
les petits propriétaires indigènes*, qui échapperaient à l'u-
sure, aux acheteurs à réméré, à tous les contrats onéreux
auxquels ils sont présentement obligés d'avoir recours, et
qui aboutissent finalement à leur dépossession.

La chose n'a rien d'utopique dès l'instant qu'elle puise
son principe et sa garantie sur le droit de propriété. Elle
implique naturellement que cette propriété sera partout
constituée, et qu'on en finira une bonne fois avec cette
fiction délétère de terrain arch. Les idées paraissent enfin
résolument orientées dans ce sens. Les corps élus de l'Algérie, entre autres le Conseil général de Constantine, ont
formé des motions qui s'inspirent des mêmes tendances.
On commence enfin à comprendre que le meilleur moyen
de relever l'indigène n'est pas précisément de le mainte-
nir dans sa routine, dans l'insécurité des biens, l'inertie,
d'enlever ses terres au mouvement des échanges, au com-
merce et au progrès!

La mutualité a déjà rendu de grands services en pays
indigène par des Sociétés de prévoyance; mais celles-ci,
dont le but est toujours de parer au plus pressé, et se ré-
sume à fournir au laboureur les semences dont il a besoin
en automne, ne disposent pas de moyens d'action d'une
portée suffisante pour aider à la transformation profonde
que nous souhaitons. L'association de crédit mutuel serait placée sous une tutelle moins exclusivement adminis-
trative; contrôlée, dans ses débuts surtout, par des admi-
nistrateurs locaux, elle serait gérée par un employé français et dirigée par un conseil formé en majorité de propriétaires indigènes; son capital serait constitué au moyen
de cotisations et de subventions; elle escompterait ses va-

leurs à une caisse régionale réescomptant elle-même aux banques, comme cela se pratique pour les caisses locales françaises actuellement existantes. Les prêts seraient, au besoin, garantis par une hypothèque sur la propriété de l'intéressé.

En créant ainsi une cohésion, un lien étroit entre tous ses membres, la mutuelle les attachera en même temps plus fortement à nous, et les intéressera plus directement à notre œuvre de colonisation. Les liens ainsi créés sont les plus forts et les plus durables. Quel insensé songerait à briser la situation qu'il a lentement acquise et qui donne à lui-même et à sa famille une aisance et des commodités qu'il ne trouvera nulle part ailleurs, pour se lancer dans les aventures et céder aux suggestions des illuminés qui ont fait Margueritte, et Feriana ?

L'évolution économique de l'indigène amènera son évolution morale, et doit logiquement précéder l'évolution politique, Devenu laborieux, l'indigène, enraciné au sol, se rapprochera insensiblement du colon en empruntant d'abord ses procédés de culture, ses conceptions sur la mise en valeur du sol, ses moyens de tirer le plus avantageusement parti de ses produits; ce faisant, il opposera la plus victorieuse résistance aux abus de la spéculation, et si la concurrence devient de plus en plus âpre, du moins sera-t-il armé dans cette lutte pacifique d'où doit sortir et d'où sort chaque jour une plus grande et plus belle Algérie.

Nous voyons bien, en l'état actuel des choses, qu'il n'est pas si déshérité que d'aucuns, parmi ses défenseurs de la métropole, se plaisent à le répéter à l'envi. Parallèlement au grand courant qui porte les acheteurs européens sur les terres indigènes, courant qui a vivifié des régions jadis incultes comme le Sersou, la plaine de Saint-Arnaud et de Sétif, l'arrondissement de Sidi-Bel-Abbès, il existe un courant inverse qui, dans l'intérieur, ramène les acheteurs indigènes sur les terres de la plus ancienne colonisation d'où tous les descendants des premiers colons se trouvent souvent évincés. Les chiffres sont éloquents, et les conclusions qu'on en peut tirer, en Kabylie, dans mainte région du département de Constantine, sont parfois navrantes pour nous. Ainsi, aux premiers occupants du sol succèdent des colons qui le mettent en valeur, puis à ceux-ci, un nouvel afflux d'indigènes, mieux armés pour la lutte, plus prévoyants, plus formés déjà par la loi d'airain de la concurrence, et qui évincent les colons parce que plus sobres, plus économes et plus endurants... Il demeure vrai que ces nouveaux arrivants sont, en majorité, Berbères, et que dans ce grand et double courant, un certain déficit pourrait bien se produire au préjudice de l'Arabe proprement dit. Assisterait-on à l'éviction lente mais progressive de ces grand nomades, étranges types d'hommes venus des déserts de l'Arabie centrale, il y a neuf et dix siècles, qui seraient peu à peu refoulés, par le simple jeu des lois économiques, vers les régions désertiques les plus semblables à celles de leur habitat primitif? Il se peut. Il est en tout cas certain que si le bilan de leur longue occupation devait être dressé quelque jour, l'actif s'en résumerait à peu de chose — religion à part. — Mais par contre, de quel écrasant passif ne seraient-ils pas grevés?

Quant au guide du cultivateur indigène, c'est sans doute le colon, mais ce doit être aussi, et surtout, l'Etat; il peut agir par l'intermédiaire de ses professeurs d'agriculture, des agents qui seront mis à la tête des mutuelles locales, et aussi des fonctionnaires des communes mixtes, qui comptent déjà, dans leurs cadres, un bon nombre d'ingénieurs agronomes. Pourquoi n'instituerait-on pas des concours de petite culture indigène, j'allais dire de petite colonisation indigène, faisant appel à ce puissant mobile qu'est l'émulation chez les Arabes? Pourquoi n'encouragerait-on pas, dans chaque région, les cultures reconnues pour donner suivant la nature du sol et les ressources en eau, des meilleurs rendements? Ne voyons-nous pas des initiatives individuelles, isolées mais hélas trop rares, donner de merveilleux résultats? Ici, c'est un officier qui, dans des régions semi-désertiques, répand la culture de l'olivier désapprise depuis quelque mille ans. Ailleurs, c'est un administrateur qui, de son propre chef, fonde une caisse locale indigène, et permet du même coup à ses administrés de doubler leur cheptel. Que ne pourrait-on attendre de la généralisation, de la coordination de semblables efforts sous la direction de l'Etat?

Un pays voisin, la Tunisie, nous donne ici l'exemple des travaux méritoires, et déjà couronnés de succès, que tente dans ce sens sa Direction de l'Agriculture. Il faut reconnaître que nous avons fait dans cet ordre d'idées, bien peu de chose jusqu'à ce jour. Il y a là une tâche urgente à accomplir. N'hésitons pas à la doter des ressources nécessaires : aucune dépense ne sera plus féconde et en fin de compte, plus productive. Si l'on y avait seulement consacré les centimes additionnels destinés à la constitution de la propriété indigène, depuis qu'ils ont été détournés de leur emploi, quelle somme de résultats et de travail n'aurait-on pas déjà obtenue. Nous avons encore bien des ressources diverses — les fonds de douars entre autres, qui restent si fréquemment sans emploi, — à affecter à cette œuvre. Mais dût-on recourir à l'emprunt pour créer des laboratoires, des champs d'étude, pour provoquer la sélection des semences et l'élaboration de variétés nouvelles à de gros rendements, nous pensons que jamais fonds d'emprunt n'auront été mieux utilisés, et de manière plus profitable pour tous !

Nous croyons donc que l'Algérie, par ses seules ressources agricoles, et en dehors même de tout développement industriel, peut nourrir beaucoup plus d'habitants qu'elle n'en possède, et retrouver sa population antique de dix à douze millions d'âmes. Ses habitants demeureront en grande majorité indigènes, mais ils évolueront, et d'autant plus facilement que, le goût des voyages se multipliant chez eux, ils trouveront, à l'étranger et surtout en Europe où les Kabyles et les Tunisiens vont déjà en grand nombre, des débouchés pour leur activité, des exemples de travail et *des idées nouvelles*.

III

Cette évolution économique, qui se produit elle-même par l'effet des forces de la vie, mais que notre intervention intelligente peut grandement précipiter et diriger, ne représente qu'un des côtés, le plus matériel, le plus immédiatement réalisable, de notre action.

Elle rend possible l'évolution morale du peuple indigène; elle en est la condition primordiale; elle ne suffit pas à l'accomplir. Et pour nous, Français, le vrai but est de provoquer cette évolution morale, de la réaliser sous peine de compromettre notre œuvre. Que nous servira de donner à l'indigène plus de bien-être, plus d'aisance, donc plus d'indépendance, s'il persiste à nous haïr, ou simplement à nous méconnaître? Est-ce pour voir se perpétuer une mutuelle incompréhension, pour créer deux mondes inconciliables, séparés par une cloison étanche, que nous travaillons dans ce pays?

Mais à peine aborde-t-on ce nouveau problème que l'on voit se dresser l'obstacle redoutable, inconnu de nos devanciers les Romains, et tel qu'il paraît fait pour décourager les meilleures volontés : la religion !

Et quelle religion : une religion qui a façonné l'homme dès sa naissance, le coulant dans un moule rigide où s'emprisonne sa vie civile, où se fige sa vie morale, où se tarit son activité intellectuelle. Une religion qui lui donne en retour, le tranquille courage d'accepter la mort, qui le trempe contre la douleur, qui porte au maximum sa résistance aux vicissitudes de la vie, aux pertes, aux ruines, aux fléaux qui le ravagent : qualités négatives, qui font la grandeur et la trempe de l'âme indigène, mais qui l'immobilisent !

« La domination arabe a partout le même caractère, « disait Renan. L'infini, la diversité, le germe du déve- « loppement et du progrès semblent refusés aux peuples « dont nous avons à parler. »

Et pourtant, ces peuples ont donné l'exemple autrefois d'une jolie floraison poétique et sentimentale; mais l'Islam est venu, qui les a brûlés de son souffle dessé- chant, et, après un prodigieux mais rapide incendie, les a momifiés. L'Islam a trouvé une terre d'élection dans cette Afrique, si semblable par ses steppes aux déserts de l'Arabie, son berceau, si disposée par le caractère de ses habitants à recueillir et conserver les formes archaï- ques !

Mais cette terre d'élection d'un régime théocratique ne peut plus être l'Algérie moderne, l'Algérie conquise et colonisée du vingtième siècle, entraînée dans le torrent qui précipite chaque jour l'évolution des nations occidentales.

Pouvons-nous déclarer la guerre à l'Islam? Ne serait-ce point enlever à ces gens leur trempe, leur ressort, leur ultime appui en présence des calamités qui les guettent, et de la misère qui les assiège? Pire que cela : et puisque tout prosélytisme religieux nous est à nous-mêmes interdit, ne serait-ce pas les priver de toute conscience et de toute valeur morale, dès l'instant qu'ils en sont encore à cet état d'esprit où conscience et religion ne font qu'un?

Enfin, ne risquerions-nous pas, en éveillant de légitimes colères, d'échouer piteusement nous-mêmes dans cette tâche sacrilège?

Chacune de ces raisons suffirait isolément pour nous convaincre. Et dès lors, il semble que nous soyons condamnés à nous débattre dans cet angoissant dilemne, de faire œuvre mauvaise en combattant l'Islam, de faire œuvre maladroite et funeste en le protégeant.

Ni l'une ni l'autre, dira-t-on : nous cantonner dans l'abstention.

Mais s'abstenir, n'est-ce pas laisser cette trame épaisse, faite d'ignorance, d'erreur et de mutuelle incompréhension qui a été tissée par les siècles entre les deux sociétés, devenir plus épaisse encore?

Il y a quarante ans, un des hommes qui ont le mieux pénétré l'Islamisme, le Docteur Perron, appelait de ses vœux le Rénovateur dont la venue lui paraissait indispensable pour rendre la vie à la religion musulmane, et lui infuser un souffle nouveau, seul capable de sauver ses adeptes de leur enlisement mortel.

Le Rénovateur n'est pas venu.

L'Islam s'est rendu pour nous plus impénétrable. Qua-

tre-vingts ans de domination française ont pu passer sur lui en Algérie, sans modifier la mentalité des peuples, ou les aspirations secrètes des âmes. Ailleurs, dans d'autres terres d'Islam, le malentendu est plus profond encore, ou plus aigu. Il devient urgent que, de part et 'dautre, des hommes de bonne volonté surgissent, qui prennent à cœur de le dissiper. Et sans nul doute, pour des raisons qui tombent sous le sens, c'est à nous, Français, qu'il appartient de prendre l'initiative du mouvement.

Il faut donc savoir regarder le problème en face, et, en poursuivre résolument la solution. Nous croyons l'avoir posé. Il serait outrecuidant, au cours d'une causerie, de prétendre le résoudre. Tout au plus nous permettrons-nous d'émettre à ce sujet quelqus indications qui n'ont sans doute d'autre valeur que celles d'opinions personnelles.

Un de nos grands moyens d'action sur le peuple indigène est l'école. Sachons au moins nous en servir. Multiplions les écoles, c'est très bien. Ne fermons pas délibérément l'école aux grandes questions que l'on peut mettre à la portée même des tout petits enfants, ce sera mieux.

L'école doit être neutre en matière religieuse; mais elle ne doit pas pour cela ignorer de parti pris qu'il y a des religions. L'instituteur peut très bien mettre à la portée des enfants des idées comme celle-ci : Que sans nul doute, il n'y a qu'un seul Dieu; mais qu'il peut y avoir plusieurs manières de l'adorer. Quand les enfants l'auront compris, ce sera déjà un point capital. Du même coup, l'instituteur leur aura appris le sens d'un mot qui est intraduisible en arabe, celui de tolérance, avec le respect des croyances d'autrui.

D'autre part, et à propos de tous les actes de la vie

civile, il faut habituer nos sujets à cette idée que si le plus grand respect est dû à leur religion, il importe toutefois de cantonner cette religion dans son domaine.

Et précisément, c'est la délimitation de ce domaine qu'il s'agit d'accomplir. Il embrasse actuellement tous les actes de la vie civile : il faut, de plus en plus, soustraire ces actes à son emprise.

La tâche est délicate, mais non impossible. Ne l'avons-nous pas déjà réalisée pour l'esclavage, pour la justice criminelle, pour les propriétés immobilières qui reposent sur des titres français; pour le service militaire.

Actuellement, une Commission instituée par le Gouverneur Général met la dernière main à un projet de codification du droit musulman qui constituera sans conteste, sur la doctrine purement coranique, un progrès.

Il ne faut pas que cette codification soit intangible, mais au contraire qu'on la révise, le plus souvent possible, dans le sens du droit commun.

La loi successorale du Coran aboutit, dans les régions où la propriété est constituée depuis longtemps, à des complications insensées. On voit des notaires obligés de diviser les propriétés en millionièmes de part pour liquider les droits des parties.

D'autre part, le relèvement de la Société musulmane est inséparable du relèvement de la femme.

Le jour est proche où il paraîtra indispensable de donner peu à peu à celle-ci une autre situation que celle qui lui a été faite par la coutume indigène, et de modifier la dévolution successorale en ce qui concerne tout au moins les immeubles francisés.

Cette action incessante sur la vie civile, jointe à notre action prépondérante sur la vie publique et préparée par l'éducation scolaire, amènera peu à peu l'évolution morale du peuple indigène : elle sera encore hâtée par les voyages dont nous avons noté l'influence économique il y a un instant, et dont l'influence morale est plus importante encore.

Cette évolution morale, à son tour, autorisera l'évolution politique qui, prématurée, constituerait pour notre Colonie un non sens, pour nous Français la plus lourde des fautes.

IV

Nous abordons le point délicat du problème indigène, celui que des polémiques récentes ont fait passer au premier plan de l'actualité.

Les indigènes ont trouvé dans la presse métropolitaine des défenseurs ardents, qui revendiquent pour eux, d'ores et déjà, une extension des droits politiques. Ils ont également rencontré parmi les leurs un certain nombre de jeunes gens cultivés et intelligents qui se sont fait auprès du Gouvernement et de la presse les protagonistes de ces revendications.

Mais précisément, entre cette élite et le peuple indigène, la distance est grande, tellement grande que l'élite a perdu le contact, et que les revendications de l'élite ne sont pas, ne peuvent pas être celles du peuple !

La grande infériorité de la société musulmane d'Algérie, est qu'elle n'a pas réussi, jusqu'à ce jour, sauf dans quelques rares grandes villes, à constituer une classe moyenne relativement éclairée, une véritable bourgeoisie analogue à celle que l'on rencontre en tous pays, voire en Tunisie, et qui pourrait avoir ses aspirations légitimes d'influence politique ou sociale.

Entre le grand seigneur féodal, aujourd'hui presque toujours fonctionnaire de notre administration, et la plèbe innombrable des fellahs, il n'existe pas de classe intermédiaire.

Ceux, bien peu nombreux, qui parmi les indigènes des villes se sont élevés jusqu'à nous, par leur intelligence et leur travail, et qui ont su conquérir leur entrée dans les carrières administratives ou libérales, constituent de rarissimes exceptions : leurs tendances, leurs aspirations, leurs besoins et leurs ambitions sont trop différents de ceux de la masse du peuple, pour qu'on puisse leur appliquer une règle commune.

Aux premiers, aux membres de l'élite, nous ouvrons toutes grandes les portes de la naturalisation qui en fait de *plano* nos égaux, nos concitoyens, nos frères. Il ne nous est guère possible d'offrir plus ?

Que si, sous l'empire d'un scrupule assurément respectable, ils hésitent à accepter cette assimilation totale qui ne dépend plus que d'eux-mêmes, il nous appartient néanmoins d'assurer la dignité de leur vie et leur complète indépendance civile, en les plaçant sous la garantie pleine et entière, sans restriction, de nos lois civiles et criminelles. Il paraît donc juste qu'une loi intervienne mettant fin, en ce qui les concerne, au régime de l'indigénat et des tribunaux d'exception.

Pour la masse ignorante, elle aspire, non pas à une action politique, qu'elle n'a ni le goût, ni la possibilité d'exercer, mais simplement à un peu de mieux être, et nous croyons avoir indiqué sommairement les moyens de son relèvement économique.

Nous avons établi aussi que ce relèvement n'était que le petit côté de notre tâche, et qu'il nous fallait favoriser et hâter son évolution morale, pour l'élever progressivement jusqu'à nous.

Tant que cette évolution ne sera pas accomplie, pouvons-nous lui conférer, comme d'imprudents défenseurs le demandent pour elle, les droits politiques, c'est-à-dire les droits de souveraineté?

Ce serait confier les destinées de la France dans ce pays à des mains qui ne sont pas prêtes à les recevoir; ce serait porter à l'œuvre, à la domination française en Afrique le coup le plus funeste, peut-être le coup mortel.

Il ne peut donc être sérieusement question un instant de conférer à la masse indigène les droits politiques du citoyen, ceux qui touchent à l'exercice de la souveraineté nationale.

Mais ce n'est pas dire qu'il n'y ait rien à faire pour elle, et que le statu-quo s'impose ou soit même défendable.

Il n'est que trop vrai que les intérêts indigènes sont insuffisamment représentés dans les assemblées algériennes, et cela tient, non pas tant au nombre de sièges dont ils disposent, qu'au mode de désignation de ces représentants et à leur peu d'indépendance vis-à-vis de l'Administration.

Dans les hautes Assemblées, Délégations financières et Conseils généraux, l'élection des représentants indigènes n'est le plus souvent qu'une parodie, incapable même de masquer la désignation officielle des candidats, faite dans la coulisse.

Il faut bien cependant que l'Administration accepte d'être contrôlée par d'autres que par ceux dont la situation dépend d'elle-même. D'où la nécessité d'établir sur d'autres bases l'électorat indigène aux hautes Assemblées, qui n'est exercé aujourd'hui que par les cheikhs des communes mixtes, ou les conseillers municipaux musulmans des communes de plein exercice.

Il ne devrait y avoir en pareille matière qu'une seule catégorie d'électeurs, pour toutes les assemblées algériennes; on pourrait constituer le corps électoral sur les bases du décret du 7 avril 1884, mais en ajoutant aux propriétaires fonciers, fermiers, etc... tous ceux qui à un titre quelconque, ont rendu des services à la France, et encore tous ceux qui justifient d'une instruction française suffisante, par exemple par la possession du certificat d'études primaires.

En communes mixtes, pour ne pas multiplier indéfiniment le nombre des électeurs, on exigerait que les propriétaires et fermiers fussent imposés pour un minimum à déterminer.

La dernière partie de l'art. 1er du décret du 7 avril 1884, limitant à six le nombre des conseillers municipaux indigènes, serait supprimée, étant entendu que le nombre des représentants indigènes ne pourra dans aucun cas dépasser le quart de l'effectif total de l'assemblée.

L'élection des maires constituant un acte de souveraineté, puisqu'ils sont les agents du pouvoir central, pourront seuls y participer les représentants des indigènes jouissant des droits de citoyens français.

Telles sont, sommairement indiquées, les réformes politiques qui nous paraissent possibles, en l'état actuel des choses. Il conviendra d'y ajouter une refonte du système de l'indigénat et de l'organisation répressive qui nécessiterait, à elle seule, toute une étude, et que nous ne ferons que mentionner ici.

Ainsi donc : égalité des impositions foncières, développement de l'agriculture, consolidation de la propriété par les œuvres de mutualité; perfectionnement matériel, évolution civile et morale du peuple indigène; part plus importante dans la gestion des intérêts locaux et généraux dévolue à des représentants dont l'indépendance sera mieux assurée, voilà les réformes que nous devons à ceux qui, aujourd'hui au Maroc, hier à Madagascar, au Sénégal, au Tonkin, ont figuré sur tous les champs de bataille aux côtés des meilleurs enfants de la France, et qui demain, confondus avec nous-mêmes par la conscription, sont appelés à défendre notre drapeau. Ceux là font de plus en plus partie intégrante de la Patrie, constituent un des facteurs de son succès et de sa force dans le monde, nous ne devons pas l'oublier.

Sans nous, ils végéteraient ici dans un état misérable, mais nous sans eux, pourrions-nous mener à bien la tâche splendide qui nous est dévolue en Afrique? Non : les deux éléments français et indigène se complètent et acquièrent toute leur valeur, toute leur force de production, de rayonnement et d'expansion, l'un par l'autre. Bannissons donc tout ce qui peut les diviser, tout ce qui peut les opposer, tout ce qui peut rappeler les haines, les rancunes et les luttes d'un passé qui fut glorieux, mais qui est révolu, qui est mort. Unissons-nous pour la préparation de l'avenir, donnons au monde entier l'admirable exemple de ce que peut l'association d'une race indigène avec l'élément civilisateur, et sachons que cet avenir ne sera glorieux et fécond qu'autant que le présent sera fait de mutuelle confiance et d'étroite union.

ALGER — TYPOGRAPHIE ADOLPHE JOURDAN — ALGER

Ouvrages édités par la Maison A. JOURDAN

ESTOUBLON et LEFÉBURE. — **Code de l'Algérie annoté:**
1830-1895. — 1 vol. grand in-8°, relié............ 50 francs
1896-1905. — 1 vol. grand in-8°, relié............ 40 —
Supplément annuel, l'un..................... 3 fr. 50

Collection complète de la Jurisprudence algérienne,
depuis la conquête jusqu'en 1910. — 43 volumes in-8°. **764** francs

---

BRIVES. — Voyages au Maroc. 1901-1907, av. cartes. In-4°. **20** fr.

CHARPENTIER, I. ✿. — Précis de législation algérienne et tunisienne. In-8°........ **7** fr. **50**

DAIN (A.). Étude sur la naturalisation des étrangers en Algérie. In-8°............ **1** fr.
Du conflit du titre de propriété. In 8°.................. **1** fr.
Le système Torrens. De son application en Tunisie et en Algérie. In-8°. .... **3** fr. **50**

DEPONT (A.) et COPPOLANI (X.). — Les Confréries religieuses musulmanes. In-4°, carte. **25** fr.

EUDEL, I. ✿. — L'Orfèvrerie algérienne et tunisienne, illust. de chromos, gravures hors texte et dans le texte. In-4°.... **25** fr.

FAGNAN (E.), I. ✿. — Histoire des Almohades d'Abd el-Wâh'id Merrâkechi. In-8°..... **7** fr. **50**
Mariage et répudiation, traduction avec commentaires (Sidi-Khalil). In-8°........... **5** fr.
Alger au XVIII° siècle, par Venture de Paradis. In-8°.. **3** fr. **50**
Annales du Maghreb et de l'Espagne de Ibn El-Athir. In-8° **10** fr.

FRANCE DE TERSANT (R. DE). — Essai théorique et pratique du Système Torrens. **2** fr. **50**

LARCHER. — Code Tunisien des obligations et des contrats, avec les décrets du Bey du 15 décembre 1906 et du 30 juin 1908, accompagné d'observations critiques. In-8°.............. **5** fr.
Code Tunisien de Procédure civile, avec le décret du Bey du 24 décembre 1910, accompagné d'observations critiques. **2** fr. **50**

Traité de législation algérienne, 3 vol. in-8°..... **30** fr.

LUCIANI, ✿. — Chansons kabyles. In-8°..................... **2** fr.
El-H'aoudh, manuscrit berbère. In-8°.................. **4** fr.

MASSIGNON. — Le Maroc dans les premières années du XVIII° siècle. 1 vol. in-4°........ **7** fr. **50**

MERCIER (E.), ✿. — La condition de la femme musulmane dans l'Afrique septentrionale. **2** fr.
Le Hobous ou Ouakof, ses règles et sa jurisprudence........ **3** fr.

MORAND. — Étude de droit musulman algérien. In-8°. **12** fr. **50**

NORÈS. — Essai de codification du droit musulman algérien, *Statut personnel.* In-8°. **7** fr. **50**

PELTIER. — Le livre des testaments du « Çahih » d'El-Bokhari. Traduction avec éclaircissement et commentaire... **4** fr.
Le livre des ventes...... **4** fr.

POUYANNE (M.). — La propriété foncière en Algérie... **15** fr.

RINN (Louis), O. ✿, I. ✿. — Marabouts et Khouan. In-8°, avec carte............... **15** fr.
Histoire de l'insurrection de 1871 en Algérie. In-8°. **15** fr.
Régime de l'indigénat. **2** fr. **50**
Le séquestre et la responsabilité collective..... **2** fr. **50**
Le royaume d'Alger sous le dernier Dey............ **6** fr.

ZEYS (E.), ✿, I. ✿. — Législation mozabite. Son origine, ses sources, son présent, son avenir **2** fr.

www.ingramcontent.com/pod-product-compliance
Ingram Content Group UK Ltd.
Pitfield, Milton Keynes, MK11 3LW, UK
UKHW021042120726
13693UKWH00005B/2379